PRÉSENCE angélique

PRÉSENCE angélique

MESSAGES DES ANGES que nous rencontrons chaque jour

CHRISSIE ASTELL

TRADUIT DE L'ANGLAIS PAR
CORINNE BERRUEL AINSLEY

Copyright © 2005, Hurtubise HMH ltée
pour l'édition en langue française

Titre original de cet ouvrage :
Advice from Angels

Direction éditoriale Brenda Rosen
Édition Clare Churly
Direction artistique Sally Bond
Illustrations Vicki Walters et Christine Junemann
Production Aileen O'Reilly
Traduction Corinne Berruel Ainsley
Mise en page Nathalie Tassé

Édition originale produite et réalisée par :
Godsfield Press
A division of Octopus Publishing Group Ltd
2-4 Heron Quays
Docklands
Londres E14 4JP Grande-Bretagne

Copyright © 2005, Octopus Publishing Group Ltd

Les Éditions Hurtubise HMH bénéficient du soutien financier des institutions suivantes
pour leurs activités d'édition :

• Gouvernement du Canada par l'entremise du Programme d'aide au développement
de l'industrie de l'édition (PADIÉ)
• Programme de crédit d'impôt pour l'édition de livres du gouvernement du Québec

ISBN 2-89428-791-7

Dépôt légal : 2e trimestre 2005
Bibliothèque nationale du Québec
Bibliothèque nationale du Canada

Éditions Hurtubise HMH ltée
1815, avenue De Lorimier
Montréal (Québec) H2K 3W6

Imprimé en Chine

www.hurtubisehmh.com

Table des matières

INTRODUCTION

Les anges sont des êtres de lumière. Messagers de Dieu, les anges sont les intermédiaires entre l'humanité et le Divin. Guérisseurs, protecteurs, porteurs d'information et de joie, sources d'inspiration, gardiens et amis, ils viennent à nous de plusieurs façons et nous prodiguent des conseils qui amènent la joie. Les anges n'ont pas à prouver quoi que ce soit, ils sont.

Qui que vous soyez, quelle que soit votre religion et que vous croyiez ou non en ces mots, vous avez reçu un cadeau merveilleux – l'amour des anges. Ce cadeau vous a été donné gratuitement et vous pouvez décider de l'accepter ou de le refuser. Mais, puisque vous l'avez accepté avec gratitude, on vous demande de le partager avec les autres lorsque l'occasion se présente. Toutes les religions nous apprennent à nous aimer les uns les autres. Cet enseignement ne veut pas seulement susciter en nous un sentiment mièvre; il demande d'agir avec sincérité, comme le font les anges.

Les anges nous sont envoyés en grand nombre sur la Terre pour nous aider dans notre humanité et pour nous accompagner dans notre croissance spirituelle. Un bon nombre de personnes se sont déjà éveillées à leur appel au réalignement, à l'harmonie et à l'illumination. Lorsque vous vous accordez au monde merveilleux de l'énergie des anges, vous devenez instantanément conscient de l'amour qui émane de leur présence – un amour qui allume dans le cœur une étincelle permanente.

Ne vous méprenez pas sur le sens du mot « amour ». Il n'est pas question de mollesse ici. Agir gentiment et de façon réfléchie avec amour ne signifie pas que vous devenez une chiffe molle. Les anges ne sont pas doux et duveteux. Nommés en tant que nos guides, gardiens et protecteurs de la justice, les anges sont les soldats des cieux!

L'Archange Michel, le chef des archanges, est illustré armé d'une épée et portant la sainte armure de Dieu. Son rôle consiste à protéger et il est souvent dépeint en train de pourfendre le dragon. Guerrier spirituel et défenseur du droit, il nous incite à nous débarrasser de ce qui est inutile dans notre propre vie et à défendre la vérité pendant notre passage sur Terre.

Nous pouvons tous agir avec puissance, mais d'une façon aimante. Il s'agit de « materner » sans étouffer, être serviable sans avoir besoin de contrôler ou de dominer. Agir de façon aimante, c'est agir comme le feraient les anges. Si nous agissions tous comme des anges, la Terre ressemblerait plus au paradis!

En invitant les anges dans nos vies et en recevant leurs conseils, nous allumons la flamme divine en nous – cette partie de nous qui est liée aux anges. Imaginez l'enthousiasme suscité lorsque nous allumons cette flamme et qu'ils la voient briller et grandir. Seuls une pureté d'intention et un cœur aimant sont nécessaires.

Que vous travailliez déjà, ou non, avec les forces angéliques, vous ressentirez l'énergie de leur amour dans ce merveilleux petit ouvrage. Laissez-vous inspirer par la joie captée dans ces mots de sagesse angélique. Permettez à l'étincelle d'amour angélique de s'éveiller dans votre cœur et rendez votre monde un peu plus divin.

Cet ouvrage inspirera vos pensées, nourrira votre être, vous réchauffera le cœur et allumera la flamme angélique en vous. Cette dernière vous rappellera aimablement que vous n'êtes jamais seul, un ange est toujours à vos côtés.

Être angélique

> « L'utopie passera uniquement lorsqu'il nous poussera des ailes et que les gens seront convertis en anges. »

FEDOR DOSTOÏEVSKI

Les êtres célestes ne sont qu'un des aspects de l'Essence divine. Dieu est partout. L'être humain est fait de quatre éléments – l'air, l'eau, la terre et le feu –, mais nous sommes animés par l'énergie divine en nous. Comment pouvons-nous croire que nous sommes séparés de Dieu d'une quelconque façon? Lorsqu'il y a de la joie dans le monde, nous célébrons d'un seul corps. Comment pouvons-nous ignorer que lorsqu'une personne souffre, c'est la conscience unifiée de la Terre qui participe à sa souffrance?

Lorsque nous polluons les rivières, coupons des arbres, chassons les animaux jusqu'à leur extinction, ne pouvons-nous pas sentir la peine universelle? Vous avez une grande capacité de guérison et de joie. La créativité et l'amour des anges combinés à l'ingénuité de l'intellect humain peuvent produire une force subtile. Reconnaissez la puissance en vous et dédiez-la au monde entier. Vous serez surpris des cadeaux que cette puissance vous procurera.

> « J'ai travaillé à être un ange toute ma vie,
> mais je n'y suis pas encore
> tout à fait parvenu. »
>
> Mark Twain

Lorsque vous commencez à travailler avec les anges, vous ne devenez pas subitement une personne différente. Vous ne devenez pas méconnaissable, ayant l'air dix ans plus jeune ou plus mince de dix kilos, et toutes vos préoccupations ne disparaissent pas par magie. Vous conservez les mêmes traits de personnalité et probablement aussi les mêmes peines et les mêmes douleurs! Inviter les anges dans votre vie ne vous améliore point, ni ne fait de vous une meilleure personne. Cela vous permet seulement d'entrer en contact étroit avec votre vraie personne et vous rappelle qui vous êtes réellement. Cela vous permet d'ouvrir votre cœur, de vous relier à votre âme, à votre être supérieur, à votre intuition et à vos anges compagnons.

Travailler avec les anges n'est pas léger, duveteux et facile. Loin de là! Vous deviendrez plus fort, centré, confiant, compatissant et authentique. Les changements ne sont pas nécessairement physiques… Ou peut-être le sont-ils ?

Ne craignez pas de tomber lorsque vous apprenez à voler, c'est en pratiquant que l'on devient meilleur.

Il s'agit d'une ère d'élévation de conscience, mais aussi d'écrasement de la conscience. Nous vivons à une époque où la spiritualité est reconnue comme une partie essentielle de la vie, pourtant la vie spirituelle est ignorée ou tournée en dérision.

Alors que faire lorsque vous avez découvert votre chemin de vérité spirituelle et que vous désirez le suivre? Faites-vous honneur et pratiquez. Pratiquez par l'exemple, avec humour, sérénité, humilité, gentillesse et sincérité. On vous aidera à relever votre défi, avec vos choix et des indications. Les anges travailleront de manière synchronisée pour envoyer dans votre vie les circonstances et les gens dont vous avez besoin pour vous appuyer. Vous pouvez y parvenir. Vous pouvez voler.

« Plus nous aimons ce qui est bon et vrai,
plus les anges aiment être avec nous. »

EMANUEL SWEDENBORG

Le cadeau de la vie ne comporte pas de promesses, seulement des possibilités. Nous sommes appelés à vivre notre vie avec une considération appropriée envers les autres. Si vous vous immergez sincèrement au service des autres, vous ne pouvez faire autrement que de vous aider vous-même. Demandez-vous : « Comment puis-je servir? Comment puis-je contribuer? » Un bon nombre de bénédictions se trouvent partout autour de vous, alors ne ratez pas l'occasion de faire une différence.

> Nous sommes tous des anges, c'est ce que nous faisons de nos ailes qui nous distingue les uns des autres.

Il y avait un feu de forêt et les animaux fuyaient pour rester en vie, sauf un petit oiseau-mouche occupé à voler dans les arbres en fleurs.

Un singe qui approchait en se balançant d'une cime d'arbre à une autre demanda à l'oiseau-mouche : « Viens, tu vas brûler, nous devons fuir pour rester en vie! » « Non, je ne peux pas », répondit le petit oiseau-mouche, en passant d'une fleur à une autre pour remplir son minuscule bec de nectar et laisser tomber une goutte d'humidité sur les flammes. L'oiseau vola à la fleur suivante pour recommencer son manège. « Non, non, tu dois te dépêcher! » insista nerveusement le singe. « Tu vas mourir si tu ne viens pas maintenant! » « Pas encore », continua le petit oiseau-mouche en volant rapidement vers une autre fleur puis remplissant son bec de nectar. « Mais que fais-tu? » demanda le singe impatiemment. « Je fais ma petite part », répondit finalement l'oiseau-mouche.

Vous n'avez pas à être un grand maître illuminé ou un expert pour faire votre petite part. C'est la façon dont vous la faites qui est le plus important; c'est votre intention de servir à un but plus grand qui compte davantage.

Dieu recherche les fruits de la spiritualité.

Le fanatisme et le dogmatisme ne sont pas éclairants. N'est-il pas mieux de semer doucement les graines de la sagesse et de l'amour dans les aspects de dissension, leur permettant de grandir lorsque le temps est venu? Vous avez votre propre chemin spirituel et vous vous trouvez toujours à la bonne place au bon moment, même si les décisions que vous prenez peuvent parfois nuire à votre progression. Ne craignez pas qu'une autre personne puisse sembler « plus spirituelle » que vous. Votre lumière est tout aussi brillante; n'ayez pas peur de lui laisser libre cours.

Il n'y a rien de « spirituel » ou d'illuminant à imposer sa vérité intellectuelle à une autre personne. Tous les grands maîtres ont enseigné à l'aide de paraboles et d'histoires simples qui rendaient leurs enseignements accessibles à tous les niveaux de compréhension. Il peut être tellement inspirant et motivant de partager des idées avec des gens qui pensent comme nous et qui recueillent maintenant les fruits de leur propre maturité spirituelle.

« Un bon arbre ne peut pas produire de mauvais fruits,
ni un arbre malade de bons fruits… vous les reconnaîtrez
à leurs fruits. » Matthieu 7, 18-20

Les mots agréables d'un ange peuvent illuminer l'heure et éclairer la journée.

« Je veux que vous sachiez, dit l'étranger, que vous m'avez aidé à surmonter ma dépression et ma vie a repris son cours normal, merci. » « Désolée, je ne sais pas ce dont vous voulez parler », répondit la jeune femme, souhaitant n'avoir pas répondu à la porte.

« C'est que, chaque fois que je vous voyais marcher dans la rue, vous m'avez accordé un sourire chaleureux et avez passé ce moment de la journée avec moi. Lorsque vous êtes passée en voiture, vous m'avez fait signe comme si vous me connaissiez. Votre sourire a

éclairé mes journées. Vous m'avez donné l'impression que quelqu'un se souciait réellement de moi. J'ai pensé devoir trouver où vous habitiez pour vous dire à quel point je vous suis reconnaissant. Ce ne fut pas difficile de vous trouver. Je n'ai eu qu'à demander si quelqu'un connaissait la jeune femme arborant un sourire d'ange. »

Lorsque vous ouvrirez et déploierez vos ailes, vous verrez des plumes partout.

Déployez vos ailes et soyez l'ange que vous pouvez être. Asseyez-vous, les yeux fermés, respirez profondément et relaxez; laissez s'échapper toute tension et toute anxiété que vous retenez dans votre corps. Visualisez votre ange gardien derrière vous avec les mains ouvertes suspendues au-dessus de vos épaules. Imaginez la chaleur de l'énergie d'amour émanant de ces mains réconfortantes.

Visualisez votre ange plaçant un index sur chacune de vos vertèbres, du haut en bas de votre colonne. Imaginez que vous ayez deux ailes inutilisées fixées à vos omoplates. Demandez à votre ange d'ouvrir vos

ailes. Ressentez leurs merveilleuses force et douceur. L'ange les enveloppe dans une radiance divine visible par tous les anges de lumière. En signe de gratitude, respirez profondément, reportez-vous dans le moment présent. Conservez la sensation de devenir un ange et sentez-vous capable de donner joie et amour dans toutes les situations.

Conservez vos pensées, et donnez aux anges la chance de vous guider et de vous protéger.

Si nous nous attardons sur des pensées négatives en jugeant les autres ou en nous jugeant trop sévèrement, comment les anges peuvent-ils possiblement « entrer » pour nous donner les conseils que nous demandons?

Essayez l'exercice qui suit. Premièrement, imaginez votre personne préférée, celle que vous aimez le plus. Conservez le sentiment d'amour. Puis, dans votre imagination, allez à votre lieu favori. Rappelez-vous la simple joie qu'il procure et souriez. Ensuite, liez ces deux sentiments, d'abord l'amour, ensuite la joie. Comment vous sentez-vous? Serein, n'est-ce pas? Imprégnez-vous de ce sentiment et donnez-lui un nom tel que « sérénité d'ange » ou une couleur telle que le rose.

Pour le reste de la journée, essayez d'être conscient du nombre de fois que vous vous attardez à des pensées négatives. Chaque fois que vous vous critiquez ou critiquez autrui, arrêtez-vous et prenez conscience de votre corps. Celui-ci est-il détendu ou tendu? Après vous être observé, laissez aller immédiatement la pensée négative sans jugement, pensez « sérénité d'ange » et entourez-vous de la couleur que vous aurez choisie.

> « Si nous étions tous un peu plus comme des anges, la Terre serait plus près du Paradis. »
>
> Karen Goldman

Lorsque quelqu'un fait une bonne action de manière inattendue ou se retourne au moment le plus opportun, nous disons souvent : « Oh, vous êtes un ange! » Imaginez quel endroit sensationnel notre monde serait si nous nous traitions tous systématiquement comme les anges le font, avec une gentillesse et un amour inconditionnels. Nous réglerions en douceur les désaccords quotidiens en prenant soin des sentiments des autres. Nous ne saurions que faire de la guerre et personne n'aurait besoin de contrôler autrui.

Fermez vos yeux un instant et inspirez la merveilleuse sensation d'amour, de joie, d'harmonie et de paix. En expirant, imaginez que vous remplissez une bulle de ces sentiments. Lorsque la bulle de joie est devenue énorme, visualisez-la s'envoler vers les étoiles, puis éclater en des fragments scintillants de paix angélique partout sur la Terre.

Vos anges ne sont pas là pour vous juger, seulement pour vous aimer.

Agir avec amour, c'est agir avec discernement, sans porter de jugement. C'est si facile de juger les autres et soi-même sévèrement. La société requiert des lois publiques pour protéger les plus vulnérables et maintenir la sécurité et la justice. Mais dans la vie spirituelle, il est préférable de seulement observer un comportement individuel sans porter de jugement. C'est alors que nous sommes en mesure de prêcher par l'exemple, en maintenant notre paix intérieure. Nous ne condamnons pas la mauvaise conduite, mais nous pouvons nous abstenir de juger.

Pour observer sans juger, appelez l'Archange Zadkiel (Tsadkiel) et le rayon violet. Visualisez une lumière vive violette s'infiltrant dans votre esprit. Demandez à Dieu et aux anges de purifier et de transformer les sentiments négatifs en compassion, en sagesse et en amour. Remerciez Zadkiel et utilisez cette technique lorsque vous êtes confronté à une situation négative.

Le cœur est d'ange.

Comment partagez-vous avec les autres? La plupart d'entre nous partageons des amitiés et du plaisir avec d'autres, mais est-ce facile de partager nos sentiments personnels? Nous gardons fréquemment nos pensées, nos idées, notre amour et notre réalité personnelle près de notre cœur par crainte du rejet, du ridicule, de la critique ou de la peine.

Le partage consiste en une expérience bidirectionnelle. La loi universelle de la générosité fonctionne d'une façon telle que si vous donnez de plein gré, vous recevrez, parfois même davantage.

Placez-vous dans une position méditative et créez un espace de sécurité autour de vous, puis appelez les anges de l'harmonie à vos côtés. Demandez à vos anges de vous aider à dissoudre toute barrière de pauvreté de conscience ou de rejet qui vous empêche de partager soit vos possessions matérielles, soit vos sentiments. Entourez-vous d'une lumière d'amour et de chaleur rose et sachez que vous êtes toujours soutenu par votre générosité.

« Les anges peuvent voler parce qu'ils se prennent à la légère. »

G.K. CHESTERTON

En tant qu'êtres charnels, nous avons besoin de la gravité pour rester stables sur le sol. Mais le mot « gravité » signifie aussi « accablement, sérieux, sobriété et importance ». Lourd, effectivement! En tant qu'êtres humains dépendant de la gravité, nous nous prenons peut-être trop au sérieux et devenons un tant soit peu vaniteux. Certainement, dans quelques enseignements dogmatiques religieux, le chemin spirituel est chargé de gravité.

Les anges sont aussi chargés des aspects plus lourds de la vie spirituelle, tels la responsabilité, le courage, l'efficacité, le dévouement, la vérité, la justice, l'engagement et l'éducation. Mais ils portent leurs responsabilités avec joie, liberté, abondance, célébration, émerveillement, ouverture et amour. Par-dessus tout, ils accomplissent leurs tâches avec une légèreté qui vient d'une confiance entière en la sagesse divine.

Faites-vous une série de « cartes d'anges », une pour chaque attribut, et rappelez-vous que les plus sérieux sont ceux qui vous accordent une force positive. Choisissez un ange chaque jour, et remerciez-le des attributs pour lesquels vous l'avez choisi.

« N'oubliez pas l'hospitalité.
En la pratiquant, certains ont accueilli
des anges sans le savoir. »

HÉBREUX 13,2

Marion avait éprouvé de la répugnance pour un vagabond qui avait cogné à sa porte afin de demander de la nourriture. Désirant être charitable, elle lui avait donné à boire et à manger. L'homme la fixait de façon déconcertante. Ses yeux étaient bleus et perçants, mais doux et sages. Étendant un haillon sur l'herbe pour s'asseoir et manger, il la remercia de sa gentillesse. Après quelques minutes, il se leva et partit sans se faire remarquer. C'est alors qu'une magnifique plume blanche se déposa en douceur là où il s'était assis.

Conseils
angéliques

« Tout faux-semblant n'est pas digne des anges. »

SAINT THOMAS D'AQUIN

Souvent, les décisions que nous prenons créent des défis que nous nous imposons à nous-même et qui constituent de merveilleuses occasions de croissance spirituelle. Mais si nous refusons de faire face à un défi, non seulement nous manquons une chance d'avancer, mais nous devrons faire face au même défi, encore et encore, jusqu'à ce que nous le relevions.

Soyez honnête avec vous-même. Si vous vous mentez en prétendant que tout est parfait, vos objectifs s'obscurcissent, vous enterrez votre brillance potentielle sous des couches de déceptions personnelles et d'illusions, et vous faites échouer votre quête d'amélioration personnelle. Demandez de l'aide aux anges!

Archange Michel,
avec votre épée de justice, aidez-moi à trancher
les parties de ma vie voilées de déceptions.
Aidez-moi à voir seulement ce qui est honnête et vrai.
Demeurez à mes côtés et donnez-moi la force de faire face
à chaque situation avec courage et une honnêteté
sachant que je suis guidé aimablement vers la lumière.

> « La beauté du visage d'un ange ne réside pas dans sa forme, mais dans le sentiment qu'il vous laisse. »
>
> Brahma Kumaris

Les apparences peuvent être trompeuses. Tous les étrangers ne sont pas des anges et certaines beautés ne sont que superficielles. « Gardez-vous des faux prophètes. Ils viennent à vous déguisés en brebis, mais au-dedans ce sont des loups féroces. » (Matthieu 7,15) Il existe des milliers d'enseignants spirituels; tous ne vous conviendront pas. Avant de choisir, développez votre intuition et votre discernement.

Méditez sur ces paroles en imaginant un cercle de lumière dorée, au centre duquel vous vous trouvez avec l'ange de discernement. Visualisez tous les gens présentement importants dans votre vie debout à l'extérieur du cercle. Un par un, invitez-les à entrer et à passer près de vous et de l'ange de discernement. Votre ange laissera rester uniquement ceux qui sont bénéfiques pour votre croissance spirituelle; tous les autres seront invités à continuer leur chemin. Ne faites qu'observer, ne laissez pas votre esprit juger à cette étape. Écoutez votre corps et vos réactions. Apprenez à être certain que les anges guident vos sentiments.

« Si vous voulez dire quelque chose à Dieu,
dites-le au vent. »

PROVERBE AFRICAIN

Écoutez votre for intérieur. Ce n'est que dans l'immobilité des profondeurs de l'âme que vous pouvez connaître Dieu. Trouvez la petite voix intérieure. Toute chose que vous expérimentez est mémorisée. Les réponses ne peuvent être entendues que dans le silence. Mais nous l'oublions parfois, alors nous prions à voix haute pour articuler notre crainte ou notre désespoir.

Lorsque vous parlez à voix haute, vous affirmez vos pensées à l'Univers. Vous ressentez vos pensées en entendant les mots et en les pensant. Si vous parlez à vos anges, les messages sont transportés immédiatement à Dieu. Si vous priez directement Dieu, les anges répondent immédiatement. Verbalisez vos prières à l'Univers, choisissez vos mots avec soin, ouvrez votre cœur... Les anges sont là.

« Derrière les portes des études…
un ange attend. »

Hannah Green

Parfois, en tentant de faire de notre mieux, nous devenons tellement préoccupé par le travail ou les études que nous oublions qui nous sommes. Notre passage consiste à apporter la connaissance acquise dans notre vie spirituelle à la vie quotidienne. Nous devenons tellement pris dans notre horaire personnel que nous oublions souvent que la vie ne doit pas être difficile. Stimulante, peut-être, mais plus facile que la plupart d'entre nous imaginons. Demandez à l'Archange Gabriel et aux anges de la sagesse de vous guider avec amour sur votre chemin spirituel.

> « La Terre est au Soleil
> ce que l'Homme est aux anges. »
>
> Victor Hugo

Sans le Soleil, la Terre périrait dans une froide obscurité. Imaginez la Terre sans lumière solaire, sans chaleur. Rien ne vivrait. L'humanité ne pourrait survivre sans lumière, mais qu'en est-il de la lumière spirituelle? Comment illuminons-nous notre âme?

L'Archange Jophiel et les anges de l'illumination sont là pour allumer la lumière dans nos cœurs et éclairer notre chemin spirituel. Pour tous les aspects de la créativité, vous pouvez demander l'aide de Jophiel.

Commencez par allumer une chandelle et vous asseoir en silence. Puis imaginez que vous infusez dans une lumière dorée. Appelez l'Archange Jophiel et les anges de l'illumination et visualisez-les vous entourant de leur énergie lumineuse aimante. En inspirant, remplissez votre corps de lumière. Imaginez que vous attirez à vous clarté, créativité et inspiration. Avec chaque expiration, visualisez la densité, la confusion, la noirceur et le découragement dissous par la lumière dorée des anges.

Lorsqu'un ange vous montrera le chemin,
vous verrez la lumière poindre.

Nous savons que les anges peuvent apparaître sous différents aspects.
J'ai demandé tellement souvent conseil aux anges, puis ouvert un
livre ou entendu une conversation qui m'a donné la perspicacité dont
j'avais besoin. Parfois, nous nous débattons seul, croyant que notre
force ne dépend que de nous et que nous devons tout faire seul. Dieu
ne demande pas que nous nous débattions aveuglément. Notre croissance vient avec la réalisation que nous ne sommes pas seul.
Demandez de l'aide lorsque vous êtes prêt.

Archange Raphaël, je suis maintenant prêt à guérir.
Placez votre main aimante sur mon cœur et
purifiez-le de toute chose qui ne vous plaît pas.
Placez votre main sur ma tête et nettoyez
mes pensées, pour me permettre
de reconnaître uniquement ce qui est vrai.
Placez votre doigt au-dessus de mes sourcils pour m'aider à
ouvrir mon troisième œil à votre sagesse, afin que je puisse
intuitivement discerner le vrai du faux.

N'ayez pas peur du noir, ce n'est que l'ombre de la lumière.

On a dit que plus nous brillons, plus nous créons de l'ombre. Parfois, il s'agit de nos propres ombres, les aspects plus sombres que nous ne voulons pas reconnaître. Devenir spirituellement conscient signifie faire face à nos démons intérieurs, les confronter avec gratitude, transiger avec eux et continuer notre cheminement. Si nous désirons réellement nous engager envers le changement, alors nous avons de l'aide à portée de main.

Asseyez-vous en silence, et fermez les yeux, respirez profondément et laissez se dissiper toute tension de votre corps avec chaque expiration. Invitez vos anges à se tenir près de vous. Imaginez un écran vide devant vous. Demandez-leur de vous montrer des aspects de vous-même sur lesquels vous devez travailler et observez l'écran. Vous pourriez voir une image entière, plutôt comme un rêve ou de simples objets; vous pourriez entendre de la musique ou des mots, ou ressentir quelque chose.

Ce qui semble être la mort d'une chenille représente la naissance d'un magnifique papillon.

Quel fantasme – nous nourrir du contenu de notre cœur, nous envelopper dans un chaud cocon, tomber profondément endormi et nous réveiller transformé en un être d'une beauté délicate avec des ailes pour voler où nous voulons.

Rien n'est aussi simple. Premièrement, la chenille terrestre est poussée par le besoin, une faim insatiable. Elle n'est pas libre jusqu'à ce qu'elle soit sortie du stade de chenille. Si nous sommes prêts à modifier complètement nos « besoins » insatiables, nous sommes tous capables de nous métamorphoser en de superbes êtres de lumière.

C'est en lâchant réellement prise sur notre ancien moi, en mourant de façon métaphorique, que nous verrons sortir de l'ombre notre nouvelle personne. C'est ce que le Seigneur signifiait lorsqu'il disait que nous devions renaître.

Parfois, le cadeau de l'ange consiste à ne pas vous donner ce que vous désirez.

«Vouloir » est une expression de besoin. Ce mot dit à l'Univers qu'il y a un manque, un vide, un désir en nous. Rappelez-vous ce que l'on dit aux enfants qui demandent sans cesse la même chose : « Si tu continues à le demander, tu ne l'auras pas. » Imaginez être constamment en train de demander à l'Univers : « J'en veux plus », en d'autres mots, c'est affirmer négativement que vous vivez dans un état permanent de manque! Il est préférable de créer des affirmations qui renforcent ce qui vous appartient déjà.

Plutôt que de dire « je veux me sentir mieux », dites « mon corps grandit en beauté chaque jour en parfaite harmonie ».

Plutôt que de dire « je ne peux me payer telle ou telle chose », dites « j'en ai suffisamment ». Remarquez la différence lorsque vous cessez de dire « je veux que quelqu'un m'aime » pour dire plutôt « je suis aimable ».

Partagez vos rêves secrets avec les anges
et observez-les se réaliser.

On dit que les anges connaissent déjà les aspects supérieurs de notre vie. Ils ressentent nos espoirs et nos rêves, mais ne peuvent interférer avec nos choix humains. Cela contreviendrait aux lois du karma. On nous donne des circonstances, où des choix peuvent être faits, mais en tant qu'humains, nous les rendons difficiles pour nous-mêmes.

Lorsque vous invoquez les anges, rappelez-vous que l'intention et l'interprétation sont importantes. Les anges ne sont pas des « génies de la lampe »; ils n'accomplissent pas chacun de vos désirs. Mais, lorsque c'est possible, et si vos désirs concourent au plus grand bien des personnes concernées, il est vraisemblable que vous connaîtrez des résultats favorables.

Les anges respectent votre droit d'être humain.

Nous faisons tous partie de cette fascinante création. Nous sommes tous uniques, spéciaux et aimés. Par contre, il serait insensé de nous croire parfaits, puisque cela nous mettrait dans une position presque impossible à tenir.

Marianne Williamson a dit : « Nous sommes nés pour rendre manifeste la gloire de Dieu qui est en nous. Il ne se trouve pas que dans certains d'entre nous; Il est en chacun de nous. » Nous avons choisi de devenir des êtres humains, de nous incarner avec un rôle à jouer. Les anges sont ici pour nous aider à atteindre nos objectifs. Avec des prières, de la méditation et un désir honnête, nous pouvons faire ce qu'il faut, la plupart du temps.

Et lorsque nous ne faisons pas ce qu'il faut? Nous sommes aimés de façon inconditionnelle, ce qui veut dire en tout temps, sans égard à nos mauvais choix et à notre fragilité humaine. Comme nous nous libérons de la crainte de l'échec, notre confiance nous pousse de l'avant et notre présence libère automatiquement les autres.

> « Les belles âmes sont universelles,
> ouvertes et prêtes pour toute chose. »
>
> MONTAIGNE

Le rire et le plaisir sont des cadeaux qui nous sont donnés. Bon nombre de choses sont sérieuses et tristes, bon nombre de défis sont incroyablement difficiles. Apprendre à rire de soi et libérer la partie ego de notre être a un effet surprenant. Si nous perdons notre ego et acceptons d'être petit par rapport à l'Univers, nous pouvons commencer à nous illuminer et à voler. Nous pouvons avoir une joie de vivre dans toute tâche que nous accomplissons tout en lui accordant le même niveau de responsabilité requis. Nous sommes nés pour être libres.

Les seules chaînes que nous nous donnons sont des fardeaux inutiles de culpabilité, de domination et de fierté. Lorsque nous laissons tomber ces chaînes et le besoin de dominer ou de contrôler les autres, nous devenons plus légers, heureux et libres pour ressentir le ressort sous nos pas et l'air dans nos ailes! Défaites-vous de vos fardeaux en essayant la visualisation qui suit.

Asseyez-vous en silence et imaginez tous vos fardeaux et responsabilités comme des bandages lestés entourant vos poignets, vos chevilles et votre taille. Appelez l'Archange Michel et vos anges gar-

diens près de vous et visualisez-vous en train de défaire ces bandages.

Remettez-les à vos anges. Imaginez que les anges changent chaque poids par un ballon brillant. En remettant chaque bandage, permettez-vous de vous sentir plus léger physiquement. Puis demandez à l'Archange Michel de couper les cordes des ballons représentant les fardeaux déjà dégagés et regardez-les s'envoler dans le ciel, transportant au loin vos préoccupations, vous laissant léger et libre de voler comme l'ange que vous êtes.

> « Certaines personnes voient réellement des anges là où d'autres ne voient que le vide. »

JOHN RUSKIN

Il existe quelques lignes directrices à suivre lorsque vous désirez vous mettre à l'écoute de vos anges. N'essayez pas trop fort; permettez à la vision de se produire. Soyez prêt à être surpris. Essayez de ne pas tenir à des idées préconçues de ce que vous espérez.

Certaines personnes voient des lumières scintillantes, d'autres sentent de merveilleux parfums mais ne voient rien. Un bon nombre voient une lumière brillante et occasionnellement le contour d'une forme. Des milliers de gens ont expérimenté des rencontres angéliques sous la forme d'un étranger qui disparaît ensuite, particulièrement lors d'accidents.

C'est plus courant de ne rien voir, mais d'être conscient d'une présence calmante et aimante. Permettez-vous de croire. Vos prières seront exaucées.

« L'intelligence de l'ange est illuminée par la simplicité pénétrante des concepts divins. »

DIONYSOS

Il n'est pas surprenant que nos vies soient pleines de confusion. En empilant les pressions, nous créons une existence de turbulence et de manque d'harmonie. Asseyez-vous confortablement pendant un moment et évaluez les tâches d'aujourd'hui qui sont vraiment essentielles. Si vous ne les accomplissez pas toutes, la lune refusera-t-elle de briller? C'est l'ego qui insiste pour entasser tout le désordre non essentiel dans nos vies, par peur de l'échec et du rejet. Il existe une façon plus facile d'aborder le travail quotidien.

Dans votre esprit, remettez les tâches du jour aux anges et à Dieu. Demandez à voir la clarté du but du plan divin de votre vie. Demandez que toutes vos décisions et actions d'aujourd'hui soient pour le bien supérieur de votre conscience élevée et pour le bien de tous ceux qui sont concernés.

Comme vous clarifiez vos actes et mettez par ordre de priorité les buts supérieurs de la journée, les anges auront l'occasion de vous guider et de vous assister. Restez simple, concentrez votre lumière divine et regardez votre plan se dérouler devant vous.

Un ange est comme un sanctuaire
dont la porte est toujours ouverte
et où vous pouvez toujours sentir la paix.

Vous avez déjà ressenti le besoin que le monde s'éloigne et vous laisse seul, lorsque le futur semble austère et que votre esprit est rempli de confusion et de doute. Cependant, il existe différents moyens pour traverser ces périodes. Au milieu de la grisaille, essayez l'exercice suivant pour vous remonter le moral.

Allumez une chandelle pour sa lumière. Lorsqu'une chandelle est allumée, les anges se rapprochent. À la lumière de la chandelle, rappelez-vous dix choses pour lesquelles vous êtes reconnaissant. Commencez par des choses simples tels l'air que vous respirez, la terre sur laquelle vous marchez, le Soleil, le ciel, le clair de lune et les étoiles. Ajoutez-en dix, peut-être les gens ou les endroits que vous aimez, puis dix autres. Avant de l'avoir réalisé, vous vous retrouverez avec une liste sans fin.

Invitez votre ange à partager ces pensées avec vous et retournez, lorsque vous le voudrez, à la lumière, dans le sanctuaire d'amour paisible de votre ange.

Réconfort
angélique

« Un ange est comme un miroir qui reflète affectueusement la vérité. Dans son image, vous pouvez voir qui vous êtes vraiment. »

ANTHEA CHURCH

Avez-vous remarqué le nombre de masques que vous portez? En vous créant un masque pour chaque occasion, vous prétendez être quelqu'un d'autre. Avez-vous oublié qui vous êtes? Vous diluez vos propres énergies, votre magnétisme personnel et diminuez votre potentiel de croissance en ignorant votre vraie personnalité. Reconnaissez votre vraie personnalité chaque jour. Affirmez votre capacité d'être vrai envers vous-même. Appelez votre ange gardien et demandez à avoir le courage et l'honnêteté d'être vous-même.

> « Les pensées et les actions des anges ne
> sont pas limitées par le temps et l'espace. »

EMANUEL SWEDENBORG

Les anges ne sont pas liés à notre réalité tridimensionnelle. Ils ne connaissent pas le concept de temps et d'espace, se déplacent librement et instantanément entre notre monde et le leur. Le mouvement d'un ange est aussi rapide que la pensée. Les grands archanges peuvent être à plusieurs endroits en même temps. Ne craignez pas que votre dilemme personnel soit trop peu important pour que vous soyez entendu.

Il survient des catastrophes majeures dans le monde et celles-ci demandent de grands changements de compréhension et une intervention humaine. Ces changements sont surveillés par les archanges à chaque instant, mais vous l'êtes vous aussi. Les archanges peuvent faire les deux. L'énergie aimante qu'ils émettent dépasse notre compréhension humaine.

Une vraie requête, pour les bonnes raisons, n'est jamais trop simple ni trop petite pour être entendue par les anges. Vous êtes aimé et important; ne l'oubliez jamais.

Suivez les pas d'un ange, marchez d'un pas léger.

Lorsque nous arrivons à un point de notre croissance spirituelle où nous croyons avoir fait une découverte, il est facile de s'enthousiasmer et de lancer la nouvelle à qui veut l'entendre. Combien de fois donnons-nous des conseils sans qu'on nous le demande?

Toutefois, il existe des lois spirituelles que nous devons comprendre. Nous devons prendre la responsabilité de notre propre croissance spirituelle et laisser les autres libres de faire la même chose. Aimer ou partager par la force de la volonté sans compassion peut être perçu comme de la violence. Célébrez doucement et aimablement votre vérité tout en honorant le droit des autres à la leur.

Les anges n'interfèrent pas dans nos vies; ils nous permettent de prendre nos propres décisions, de grandir à notre rythme. La seule mesure de notre progrès est notre propre engagement envers la croissance spirituelle dans l'amour.

Les anges sont là pour nourrir notre être et non pour alimenter notre ego.

Il y a une centaine d'années, presque tout le monde croyait en Dieu sous une forme ou une autre. Chaque nation avait une croyance religieuse qui faisait partie de sa culture. Maintenant, la majorité des États sont reconnus au niveau politique comme des sociétés séculières. Pourtant, les êtres humains requièrent de se nourrir le corps et l'esprit.

Les anges peuvent nous aider. Œcuméniques, les anges agissent en tant que lien entre Dieu et nous, comme messagers conduisant nos pensées et nos prières à la source. Sous l'impulsion du retour d'énergie d'amour, ils nous guident dans nos pensées et nos rêves. Ils permettent notre croissance spirituelle par l'amour, afin que nous puissions commencer à comprendre à quel point nous sommes précieux.

Un ange peut sauver votre journée
et parfois votre vie entière.

Annie était dans une relation dévastatrice. Elle avait désespérément besoin de quitter son conjoint et de recommencer à neuf. Comme elle était assise sur un banc à un arrêt d'autobus, un étranger s'installa près d'elle et lui dit qu'elle trouverait le courage dont elle avait besoin pour changer de vie. L'étranger s'est ensuite levé et s'est éloigné, sans attendre que l'autobus arrive.

Surprise de la puissance des mots de l'étranger, Annie se sentit inspirée, rassurée et motivée. Cette fin de semaine-là, elle fit ses valises et partit sans jamais regarder en arrière.

Rappelez-vous que lorsque vous demandez de l'aide aux anges, le silence est parfois la meilleure réponse.

Tels des enfants qui ont constamment besoin d'être rassurés et soutenus, nous sommes tentés de demander aux anges de l'aide pour tout. Nous pouvons être convaincus que nous sommes guidés par le Divin, mais nous devons aussi être convaincus que nous détenons, en nous, beaucoup de sagesse et de connaissances. Appelées « connaissances intérieures » ou « surmoi », nos propres ressources sont largement inexploitées.

Nous avons la capacité d'utiliser notre intuition et, comme nous nous développons sur le plan spirituel, nos connaissances intérieures et notre surmoi deviennent plus faciles d'accès. Nous avons une capacité incommensurable en nous pour nous guérir, choisir et « connaître » la réponse. La Loi universelle ne permettra pas aux anges d'interférer avec notre projet de vie.

Asseyez-vous silencieusement chaque fois que vous devez prendre une décision, demandez aux anges de vous guider et gardez le silence en vous branchant à votre sens profond de connaissance. En apprenant à lire les signes autour de vous, vous saurez rapidement si vous vous orientez dans la bonne direction.

Seule la peur vous empêche de voler, alors déployez vos ailes et appréciez un grand départ !

Qu'est-ce qui nous empêche d'atteindre le haut de l'échelle? Qu'est-ce qui nous empêche de voler dans le sens du vent?

La réponse est la crainte de l'échec. Pourtant, le message des anges est clair : il n'y a pas d'échec. Chaque fois que nous essayons de voler, avec succès ou en vain, nous apprenons à grandir.

Comme les anges, croyez en votre capacité de savoir instinctivement que ce que vous décidez de faire avec une intention honnête est toujours correct. Allez de l'avant et faites-vous confiance. La vraie joie intérieure réside dans la possibilité d'être vous même.

« Approchez du bord! » leur dit-il.
Ils lui répondirent : « Nous avons peur. »
« Approchez du bord », leur dit-il.
Ils vinrent. Il les poussa
Et ils s'envolèrent…

GUILLAUME APOLLINAIRE

Les anges sont toujours là, même lorsque vous vous pensez seul au monde.

Nous ne sommes jamais seuls. Lorsque nous sommes tristes, seuls et même sans amour, nous devons nous rappeler que chacun est accompagné d'un ange gardien qui nous connaît et qui nous aime, même si personne d'autre ne se soucie de nous. Dans un lieu paisible et silencieux, vous pouvez réfléchir avec votre ange gardien qui connaît déjà tous vos problèmes et vos secrets. Parlez directement à vos anges; demandez-leur de vous faire un signe important pour vous.

Dans votre méditation, pratiquez l'écoute. Ceci fera se rapprocher les anges jusqu'à ce qu'un sentiment de « connaissance » se soit développé sous forme de communication entre vous et vos anges. Les plumes sont un symbole divin que les anges sont avec vous.

Un ange peut vous toucher même s'il n'est pas physiquement présent.

Les anges peuvent vous parler sous forme de visions, de rêves, de chuchotements, de pressentiments ou d'impressions de déjà-vu. Quelques personnes peuvent entendre ce que d'autres ne peuvent entendre, certaines peuvent voir ce que d'autres ne peuvent voir, alors que d'autres peuvent ressentir une présence. Il s'agit de dons qui peuvent être développés et utilisés pour le bénéfice des autres. Les pressentiments les plus courants décrits par ces gens sont la chair de poule, un chatouillement du cuir chevelu ou l'impression qu'on leur touche les cheveux. Parfois, on peut ressentir un changement de température, entendre un air de musique ou sentir un parfum de fleurs, particulièrement de roses.

Vous n'avez pas à voir un ange sous sa forme physique pour savoir que vous avez été encouragé ou aidé; vous le ressentirez en vous. Permettez-vous de croire en votre cœur, vous n'avez pas à chercher de preuve.

« Les anges ils viendront
lorsque vous en aurez besoin. »

KAREN GOLDMAN

Tels des enfants exigeants, nous pouvons trop en demander aux anges et développer une attitude passive, en comptant qu'autrui fasse les choses à notre place. Écoutez votre for intérieur. Tout ce que nous avons expérimenté conserve une empreinte dans notre corps. Nous sommes capables de nous aider nous-mêmes parce que nous connaissons souvent les réponses.

Il est important de ne pas banaliser le domaine angélique en devenant dépendant et en implorant les anges afin d'obtenir de l'aide pour chaque détail de la vie. Lorsque vous vous trouvez réellement dans le besoin, vous trouverez des anges se tenant aimablement à vos côtés pour vous montrer le chemin.

Lorsqu'un ange vous a touché,
vous ne serez plus jamais le même.

Les anges sont-ils imaginaires? L'imagination est l'expression créative de toute chose. Chaque expérience est rangée dans la mémoire de notre âme. Pensées, rêves ou mots peuvent stimuler l'aspect créatif de notre mémoire qui déclenche une vision dans l'œil de notre esprit.

Les anges se présentent d'une façon qui est acceptable pour chaque individu. Lorsque vous entendrez un ange vous parler, qu'une sagesse aimante touchera votre cœur ou que vous vous trouverez en présence de votre ange gardien, que ce soit dans vos rêves ou dans la réalité, vous ne l'oublierez jamais, mais votre vie ne sera plus jamais la même.

> « Pour un ange, une minute peut être un millier d'années, puisque pour les anges, le temps est mesuré en amour. »
>
> ANTHEA CHURCH

Avez-vous vécu votre vie comme le Lapin blanc dans Alice au Pays des merveilles, vous précipitant ici et là avec une montre-gousset dans votre main, par crainte d'être en retard? Le « temps », ce phénomène humain, représente un concept de peu d'importance pour les anges. À leurs yeux, un moment de notre vie peut bien constituer un millier d'années.

Si nous sommes dans une quête spirituelle, nous pourrions nous trouver surpris de la vitesse de notre développement ou de notre niveau d'apprentissage. Nous pourrions commencer à voler avec les anges, mais bien malgré nous, éprouvant peut-être la crainte d'être oubliés, nous risquerions de retomber dans notre routine quotidienne pendant un certain temps. On ne peut vivre une « expérience maximale » en tout temps. Si on vole près du Soleil trop souvent, on se brûle rapidement les ailes.

Vos anges sont encore là. Jamais ils ne s'en vont. Leur patience est incommensurable. Après tout, peut-être vous ont-ils attendu toute votre vie!

Les humains doivent être connus pour être aimés, les anges doivent être aimés pour être connus.

Lorsque nous aimons et que nous sommes aimés, nous atteignons la plénitude. Nous ne pouvons exister sans amour. Aimer les autres est souvent chose aisée, mais pour aimer complètement et de façon inconditionnelle, nous devons d'abord apprendre à nous aimer nous-même. L'amour est une expression de gentillesse, de compassion et de communication provenant du cœur. Apprenez à vous donner le cadeau de l'amour.

Pensez à une qualité que vous admirez profondément, que vous attribueriez à un ange. Visualisez cette qualité sous la forme d'une fleur et, dans votre imagination, transportez-la avec vous, au plus profond de vous-même. Puis regardez la fleur et admirez-la, appréciez sa beauté, son parfum et sa perfection. Rappelez-vous cette qualité et reconnaissez qu'elle se trouve aussi en vous.

Reconnaissez que votre âme est une étincelle du Divin, qu'elle contient une perfection telle que la fleur; permettez-vous d'aimer votre âme. Celle-ci possède les qualités d'un ange. Lorsque vous commencerez à connaître cette partie de vous-même, vous apprendrez à vous aimer.

> « Les anges sont comme de bons invités,
> ils apportent toujours un cadeau
> et ne sont jamais un fardeau. »
>
> ANTHEA CHURCH

Bon nombre de cadeaux que nous donnent les anges prennent la forme de rêves et de visions. Mettez-vous dans un état méditatif en vous asseyant confortablement tout en écoutant de la musique douce. Visualisez-vous en train de marcher à la montagne, dans un magnifique décor. Devant vous se trouve une splendide porte dorée. Lorsque vous vous en approchez, elle s'ouvre lentement et vous vous retrouvez entouré d'une lumière aveuglante tant elle brille. Inspirez la lumière pour vous en imbiber et vous en pénétrer.

Puis, imaginez que vous vous trouvez devant votre ange gardien, l'être le plus beau auquel vous n'avez jamais rêvé. L'ange vous salue, vous étreint et vous donne un cadeau spécial. Tenez-vous dans sa lumière pour vous baigner dans son amour et son acceptation. Ressentant de la gratitude et sachant que vous pouvez revenir à cet endroit en tout temps, quittez votre ange lorsque vous êtes prêt.

Redescendez au pied de la montagne; respirez profondément et prenez conscience de votre présence ici et maintenant pour réfléchir sur la façon dont vous pourriez utiliser votre présent.

Anges
en action

Les amis sont des anges qui nous soulèvent
lorsque nos ailes ont oublié de s'ouvrir.

Une jeune enfant fut apportée à l'hôpital sur une civière. Elle était inconsciencce et accompagnée par ses parents. Lucy s'était élancée au milieu d'une route très achalandée, où un camion l'avait heurtée. Elle fut examinée et on put voir seulement une petite ecchymose sur son épaule. Juste avant de passer sous les rayons X, elle ouvrit les yeux et sourit. « Où est l'homme en blanc? » demanda-t-elle. Le médecin s'approcha. « Non, non, l'homme dans la longue robe brillante. » Alors que sa mère lui caressait le visage, Lucy dit : « Cet homme a caressé mon visage pendant qu'il soulevait les roues. »

Lorsque votre lumière brille, faites attention de ne pas attirer trop de mites.

Lorsque nous nous ouvrons psychiquement, nous sommes susceptibles d'attirer des êtres qui ne nous sont pas nécessairement utiles. Il est très important d'apprendre à vous protéger.

Premièrement, appelez la protection de l'Archange Michel et imaginez une lumière bleue vous entourant instantanément. Visualisez une cape bleue enroulée autour de vous et demandez que l'Archange Michel vous protège.

Vous pouvez vous visualiser sous une forte lumière blanche, tel un projecteur, qui est avec vous en tout temps. Si vous le désirez, entourez-vous d'une lumière dorée et demandez qu'elle vous protège. Choisissez la méthode qui vous semble la plus appropriée et engagez-vous à l'utiliser dans vos pratiques spirituelles quotidiennes. En même temps, demandez le cadeau du discernement, afin que les anges vous guident seulement vers ce qui est vrai pour le bien supérieur de toutes les personnes concernées.

Les anges vous fournissent les ingrédients pour créer vos propres miracles.

Le karma se traduit simplement par le principe de « cause à effet ». Un ange ne peut pas changer un karma. Lorsque nous devenons conscients de l'efficacité de notre propre comportement, nous pouvons invoquer les anges pour qu'ils nous aident à prendre les meilleures décisions et à obtenir les meilleurs résultats.

Invoquez les qualités spécifiques des grands archanges pour vous aider :

- L'Archange Michel vous protège de l'influence des autres.
- L'Archange Raphaël peut aider à guérir à tous les niveaux.
- L'Archange Gabriel vous montre la bonne direction et vous sanctifie.
- L'Archange Uriel vous aide à trouver la paix intérieure.
- L'Archange Jophiel vous illumine de la sagesse divine.
- L'Archange Zadkiel vous aide à transformer l'énergie négative en énergie positive et apporte la joie.
- L'Archange Chamuel aide à surpasser une faible estime de soi et apporte l'amour inconditionnel.

On peut voir le reflet de l'amour des anges dans le visage des enfants qui dorment.

Il existe une théorie voulant que les enfants qui naissent aujourd'hui ont une vieille âme avec des capacités spirituelles hautement développées. Ces enfants très spéciaux nous rappellent d'anciennes techniques de guérison, une conscience psychique et une compassion illimitée.

J'ai récemment entendu une belle histoire. Une jeune mère commençait à s'inquiéter du fait que son fils de cinq ans tenait de façon obsessive à être laissé seul avec sa petite sœur nouveau-née. La mère permettait à son fils de mettre, seul, sa petite sœur dans son berceau alors qu'elle quittait la chambre. Pour se rassurer, elle restait cependant tout près, pour surveiller. Elle ne put retenir ses larmes lorsque, à sa grande surprise, elle vit son fils embrasser sa petite sœur et lui dire : « S'il te plaît, aide-moi à me rappeler comment c'était. J'ai déjà oublié. »

Un ange ne vous laissera jamais tomber, même si vous vous êtes laissé tomber!

Bon nombre d'entre nous sont tourmentés par le sentiment de ne rien valoir ou ont une faible estime d'eux-mêmes. Gardez à l'esprit que toute pensée crée de l'énergie et que vous attirez ce qui vous ressemble. Lorsque vous vous concentrez sur des pensées négatives, vous attirez les déceptions et les désastres.

L'Archange Chamuel et les anges d'amour peuvent vous aider à surmonter les sentiments négatifs si vous le leur demandez. Fermez vos yeux et demandez que l'amour angélique vous entoure. Bannissez les pensées négatives en chassant les sentiments anti-amour! Visualisez-vous entouré d'une lumière rose brillante et vous sentirez instantanément votre moral remonter.

Rappelez-vous aussi que vos anges gardiens sont avec vous lorsque vous vous sentez négatif. Vous êtes spécial pour vos anges, peu importe ce que vous pensez de vous. Lorsque vous ressentez le besoin d'être rassuré, guidé, protégé et aimé, vous n'avez qu'à les appeler à l'aide. Bientôt, vous retrouverez le chemin de la joie.

Les anges ne soufflent pas toujours dans leur trompette, le bruit serait assourdissant!

Il est inutile d'énumérer toutes les belles choses que font les anges, tout comme il est inutile de dire au monde à quel point vous êtes extraordinaire lorsque vous faites quelque chose de bien pour autrui. Les gestes spontanés de gentillesse ne requièrent pas de fanfare. La personne qui bénéficie de votre générosité d'esprit sait ce que vous avez fait, tout comme les anges. Rien ne passe inaperçu. L'Archange Métatron et les anges enregistreurs recueillent toute pensée et tout geste dans les Registres akashics — cet entrepôt cosmique où sont inscrits les noms des gens, leurs actions et leurs œuvres. Gardez néanmoins à l'esprit que les gestes les plus gentils sont ceux que nous faisons sans attendre de reconnaissance ou de récompense.

Traitez chaque personne rencontrée avec amour – elle pourrait être un ange déguisé.

Les anges et les maîtres de l'Ascension peuvent se manifester sous différentes formes. Très souvent, le costume choisi ne correspond pas à celui auquel vous vous attendiez; rappelez-vous que les anges sont non confessionnels et que les images d'anges blonds avec des yeux bleus font partie des conceptions populaires.

J'ai entendu que certains anges apparaissent sous la forme de men-

diants, de vieilles dames et même de camionneurs angéliques. Les anges sont toujours autour de nous pour nous aider lorsque nous en avons vraiment besoin, mais nous sentons-nous toujours ainsi? En traitant autrui comme vous voudriez être traité, en montrant de la gentillesse à chaque occasion, vous répandez aussi un amour angélique inconditionnel.

Allumez l'étincelle de la lumière angélique dans votre cœur et observez sa radiance sur les autres.

Lorsque vous aurez allumé l'étincelle de la divinité dans votre cœur, vous ressentirez une joie comme vous n'en avez jamais ressentie auparavant. Votre attitude par rapport à la vie pourrait changer et le monde pourrait sembler un endroit beaucoup plus beau. Si vous agissez avec amour envers les autres et que ceux-ci vous répondent avec chaleur, vous attirerez des gens plus aimants autour de vous.

Imaginez une étincelle de lumière dorée qui brille dans votre cœur. Fermez vos yeux et visualisez cette étincelle d'amour angélique répandant sa chaleur et son amour dans votre poitrine. En respirant profondément, imaginez que cette radiance remplit tout votre corps, vos jambes, vos pieds, vos bras, vos mains, jusqu'à votre cou, votre gorge et votre tête. Imaginez que cette lumière d'amour se répand sur votre peau à travers vos pores.

Puis imaginez que vous pouvez allumer l'étincelle chez les autres, simplement avec un sourire aimable. Observez ce sentiment extraordinaire se propager.

> « La musique, c'est bien connu,
> est le verbe des anges. »
>
> Thomas Carlyle

Un ange se tenait debout au coin de la chambre à coucher d'un homme. Ce n'était pas un rêve, ni la première fois qu'un ange dérangeait le sommeil de celui-ci; il lui montrait une autre vision. Comme l'homme regardait, il vit clairement une ancienne bataille et son massacre. Dans la séquence qui suivit, il vit un bon nombre d'anciens combattants de la Première Guerre mondiale marchant en chantant « It's a long way to Tipperary, it's a long way from home [demeure] ». Il savait intuitivement que la demeure dont il était question dans la chanson était le Paradis.

Lorsqu'ils parvinrent au troisième couplet, un silence inquiétant se fit. L'homme vit un beau coin de campagne avec des arbres et de l'herbe, alors que le ciel et l'air environnant étaient de couleur cuivre; aucun oiseau ne chantait et il n'y avait aucun signe de vie. Il savait qu'il s'agissait d'un signe du futur. Un monde sans aucun signe de vie.

Puis du ciel commencèrent à tomber des millions de morceaux de papier et, en un instant, il sut ce qu'ils étaient, il pouvait lire sur chacun d'eux. Il s'agissait de pages de l'Évangile offrant les paraboles du Seigneur.

À ce moment-là, d'une glorieuse voix de ténor, aussi claire que belle, l'ange chanta les mots d'une vieille chanson.

Cette fois-là, la signification frappa l'homme comme une flèche lui traversant le cœur. « Ah! doux mystères de la vie, enfin je vous ai trouvés… C'est l'amour et l'amour seul que recherche le monde. » Le message de l'ange était fort et clair. Nous devons tous retourner à la source de l'amour et nous aimer les uns les autres.

Les rires de joie sont comme de la musique aux oreilles des anges.

Le rire des enfants qui s'amusent ensemble est vraiment contagieux. Nous connaissons les bienfaits de la sérotonine produite par le rire dans le cerveau. La joie est l'expression de notre véritable nature libre, lorsque nos cœurs et nos esprits sont libérés de toute contrainte.

La joie est exprimée par le rire et parfois par des larmes de gratitude. Elle est ressentie lorsque nous sommes en harmonie avec les autres, avec nous-même et avec la beauté qui nous entoure. Si une des tâches des anges est d'augmenter la joie dans nos vies, alors les rires doivent assurément être une musique à leurs oreilles.

Si vous êtes troublés par le manque d'harmonie ou si vous ressentez un manque de joie, mettez votre musique préférée, fermez vos yeux un instant et invitez l'Archange Jophiel et les anges de joie à vous entourer. Imaginez les anges souriant et dansant autour de vous. Visualisez que vous vous joignez à eux en souriant. Puis rapportez ce sentiment doucement avec vous ici et maintenant. Plus vous ferez ainsi, plus vous mettrez de la musique dans votre cœur, plus vous créerez de la joie dans votre vie.

Les anges ont un agenda caché : l'amour.

Les anges de lumière travaillent seulement conformément au plan de Dieu, non pas en tant que nos serviteurs, mais en tant que guides et protecteurs. Ils viennent à nous sans autre motif que de nous aider à connaître et à expérimenter l'amour divin. Demandez à l'Archange Raphaël de vous aider à puiser dans cet amour.

Archange Raphaël,
Placez vos mains guérisseuses sur mon cœur. Je libère
entièrement à votre lumière toute douleur que j'y retiens.
J'ai confiance que, en faisant disparaître les cicatrices
grâce à votre amour et à votre énergie guérisseuse,
vous me permettrez de donner et de recevoir
le véritable amour inconditionnel. Merci.

Les anges ne sont pas là pour vous juger, seulement pour vous aimer.

Vous êtes le juge le plus sévère de votre propre comportement. Lorsque vous décidez de travailler certains aspects de votre vie qui pourraient requérir un rajustement, demandez aux anges de vous aider à assouplir le jugement négatif que vous avez de vous-même.

Demandez à l'Archange Zadkiel de vous aider à dissoudre les

souvenirs douloureux pour cesser de porter des jugements sur vous-même et sur les autres, et pour améliorer les cadeaux spirituels de pardon, de tolérance et de clémence. Visualisez-vous entouré par une douce lumière violette qui nettoie et purifie les traits négatifs, et les souvenirs douloureux qui nuisent à vos relations avec autrui. Permettez-vous de baigner dans cette merveilleuse énergie et sentez-vous rafraîchi.

> « Les enfants croient aux anges, et le sentiment est mutuel. »
>
> <small>KAREN GOLDMAN</small>

Benoit, âgé de quatre ans, était triste depuis le jour où son père avait quitté la maison. Il ne mangeait plus bien, ne pouvait pas dormir et refusait même de jouer. Sa mère n'en pouvait plus de craindre pour son fils et elle-même, mais elle avait lu quelques ouvrages au sujet des anges et vint me voir pour en savoir davantage.

Un soir de la semaine précédant sa consultation, son fils sortit de sa chambre après s'être couché pour la nuit et vint à elle : « Maman, il y a une dame brillante dans ma chambre, toute de blanc vêtue et qui sait qui je suis. Je ne sais pas ce qu'elle veut, mais elle ne cesse de sourire et de me parler. Maman, elle est tellement belle! »

Après la visite de la « belle dame en blanc », Benoit redevint lui-même, jouant, mangeant et dormant comme un petit garçon en santé. Serait-ce que nous devons redevenir innocent afin de vraiment voir les anges nous-même?

Les anges apportent la clarté
dans les moments sombres.

Sophie était très dépressive. Ses parents s'étaient séparés et la famille semblait s'écrouler, la laissant fragile et mal dans sa peau. Elle avait quinze ans.

Une nuit, elle se réveilla d'un sommeil agité, ressentant une lourde noirceur s'approcher d'elle et une impression suffocante de mort imminente. Instantanément et instinctivement, elle pria pour obtenir de l'aide et une lumière blanche apparut dans sa chambre. « Es-tu certaine que c'est ce que tu veux, Sophie? » demanda une douce voix de femme. « Laisse-moi te montrer quelque chose. »

Elle eut une vision de son père assis à son bureau pleurant avec sa tête dans ses mains. Elle vit ensuite sa mère assise sur un lit, regardant de vieilles photographies en pleurant silencieusement. Puis, elle vit son frère aîné dans sa chambre, regardant aussi de vieilles photos; à ce moment-là, elle put voir qu'il s'agissait de photos de lui et d'elle lorsqu'ils étaient enfants. Elle réalisa qu'ils pleuraient tous sa mort.

Des larmes coulèrent sur ses joues lorsqu'elle ressentit leur douleur. « S'il vous plaît, aidez-moi », dit-elle. « Je ne veux pas que ça arrive. » « Alors, je vais te protéger », répondit la voix. Sophie vit la lumière se répandre dans sa chambre et la noirceur s'éloigna.

Au pied de son lit, elle vit la silhouette de trois grands hommes, des anges, entourés de ce qu'elle décrivit être des lumières dorées qui s'étiraient entre eux et, même si elle n'osait pas regarder, elle savait qu'il y avait un quatrième ange derrière eux. Elle sut qu'elle n'aurait plus jamais peur de l'obscurité.

Le plus beau cadeau d'un ange
est une présence ici et maintenant.

N'est-il pas étrange que nous soyons si fréquemment mécontents, quelle que soit l'abondance qui nous entoure? Matériellement, nous désirons le style de vie des autres, leur richesse ou leurs possessions, lesquelles, croyons-nous, mènent au bonheur. Nous sommes toujours inassouvis. Bouddha enseigna que cet attachement au désir est ce qui crée la souffrance humaine. Rappelez-vous que le passé est révolu et qu'il fait partie de l'histoire. Le futur est inconnu et demeure un mystère. C'est pourquoi le cadeau réside dans le présent. Faites l'exercice suivant :

Asseyez-vous dans le silence et attirez votre attention uniquement sur votre respiration. Comme vous inspirez puis expirez, ressentez l'air passer à travers tout votre corps. Ne pensez à rien sauf à l'air et à votre lente respiration. Dans les premiers temps, faites ceci pendant cinq minutes, puis augmentez graduellement à quinze minutes. En pratiquant graduellement, vous développerez la technique zen pour être « ici et maintenant ». Profitez du moment présent!

Relations
avec les anges

Nos œuvres modèlent notre destinée.
Le Paradis et l'Enfer sont entre nos mains.

Le Paradis est le lien divin avec l'amour inconditionnel et l'Enfer réside dans notre crainte de nous en séparer. Lorsque nous pensons, agissons et vivons avec amour, tout est dans l'harmonie. Lorsque nous pensons, agissons et vivons dans la crainte, alors tout est entouré par le manque d'harmonie et les difficultés.

Asseyez-vous pendant un instant et respirez profondément. Imaginez que vous inspirez, dans tout votre corps, une merveilleuse brume rose flottant tout autour de vous. Comme vous expirez, laissez

aller toutes vos craintes et vos tensions. Affirmez que vous êtes totalement soutenu par l'Univers. Appelez l'Archange Michel, remerciez-le de sa protection et demandez-lui que toute peur soit chassée de vos pensées et que vous puissiez vivre une harmonie entière dans tous les aspects de votre vie.

Vos anges ne voient pas vos actions physiques et vos œuvres, seulement les intentions dans votre esprit.

Les anges travaillent en accord avec la Loi divine. Leur seul intérêt consiste à assister l'humanité à évoluer vers la lumière. Dans le bouddhisme, une croyance nous enseigne que nous avons tous la « nature de Bouddha » qui permet d'atteindre l'illumination.

Une des méthodes pour trouver notre chemin vers la lumière est celle de la « bonne intention », l'idée étant que ce n'est pas vraiment l'action que vous accomplissez qui compte, mais plutôt la pensée derrière cette action. Dans votre cœur, vous êtes conscient de vos actions et vous devez avoir l'intention de ne pas nuire. Certains ayant atteint l'illumination ont développé un tel degré de compassion incommensurable qu'ils décident de demeurer des bodhisattvas pour nous aider sur ce chemin. Il s'agit d'un travail semblable à celui des archanges et des grands maîtres de l'Ascension qui combattent à nos côtés, à plusieurs niveaux, nous guidant aimablement sur notre route vers l'union avec le Divin, si tel est notre choix.

Les anges savent que vous êtes convivial;
ils n'ont qu'à suivre les instructions
du fabricant imprimées dans votre cœur.

J'ai passé plusieurs années à combattre le sentiment que je devais faire quelque chose. Pas à chaque instant, mais avec mon existence. Être mère fut une expérience merveilleuse pour moi, mais ce n'est pas ce dont il était question. Retourner à une carrière d'infirmière fut revalorisant et satisfaisant, mais ce n'était pas ce dont il était question. J'ai commencé à chercher partout pour trouver des réponses. J'ai consulté des astrologues, je me suis fait lire les lignes de la main, j'ai même fait réparer mon aura, mais je ne pouvais toujours pas établir mon but fondamental dans la vie.

Puis, j'ai décidé de prier ardemment, m'offrant pour servir sachant que, lorsque je serais vraiment sincère et que je serais prête, les signes apparaîtraient. J'ai finalement vu un cours pour « soigner avec les anges » et je m'y suis inscrite. Mon guide m'a dit : « Bienvenue, Christine, je vous attendais. Votre travail sera ardu, mais nous sommes ici pour vous soutenir et vous guider. »

Chacun de nous a un but dans la vie, une destinée à accomplir. Les anges le savent, ils voient le plan dans notre ADN et ils attendent que nous nous décidions à aller de l'avant.

Un ange peut vous prendre la main et toucher votre cœur.

Selon un vieil adage, « quand on a atteint le fond, on ne peut que remonter ». Beaucoup d'entre nous avons déjà ressenti le vide absolu du désespoir. Qu'il soit causé par la dépression, la faillite, l'abandon, l'abus (de soi ou des autres), l'alcool ou les drogues, le désespoir semble nous faire tomber dans un gouffre profond. C'est à ce moment qu'un bon nombre d'entre nous retournons à Dieu.

Lorsque l'âme crie pour obtenir de l'aide, elle ne lui est jamais refusée. Les anges répondent immédiatement à votre appel. Ceci peut se produire au niveau physique, émotionnel ou mental. Le sentiment d'amour, de bien-être et de gratitude extrêmes que cela crée dans votre cœur peut difficilement être décrit. Le mieux, c'est qu'une fois l'expérience vécue, le souvenir ne vous quittera jamais.

Si vous désirez savoir où est le Paradis, cessez de regarder vos pieds.

N'avez-vous jamais remarqué combien d'entre nous déambulent les épaules courbées comme s'ils transportaient le poids du monde sur leur dos? Avec le regard tourné vers le sol, nous manquons beaucoup de la beauté environnante. Dans la hiérarchie angélique, les divinités et les esprits de la nature sont aussi importants que le reste. Nous nous lions à ces êtres en pratiquant la conscientisation de la beauté de la nature.

Regardez droit devant vous. N'ignorez pas le papillon poussé par la brise ou la rosée étincelante sur une toile d'araignée. Observez la vitesse et la grâce des nuages défilant dans le ciel. Lorsque vous observez ces merveilles de la nature, envoyez ces pensées angéliques de gratitude et d'appréciation pour les beautés diverses de ce monde.

La prochaine fois que vous vous appuierez contre un arbre, posez-vous une question venant du cœur. La réponse vous viendra calmement, de l'essence même de l'arbre – de l'ange qui constitue son esprit vital.

Lorsque vous regardez la vie à travers les yeux d'un ange, tout resplendit de couleurs.

Avez-vous déjà regardé les feuilles d'un arbre bouger sous l'effet de la brise et remarqué la façon dont elles s'entremêlent? Avez-vous remarqué que les fleurs parant les noyers sont comme de petites orchidées lorsqu'on les observe individuellement? Avez-vous récemment observé un coucher de Soleil? Lorsque vous considérez chaque partie de la création de Dieu en détail et que vous y voyez la beauté, vous voyez la vie comme elle doit réellement être vue.

Lorsque vous commencez à voir à travers les yeux d'un ange, vous cessez de juger les autres selon une perspective humaine. Chaque situation, chaque personne que vous rencontrez possède une beauté intrinsèque. La vie prend une teinte plus claire qui est toujours visible à travers les yeux aimants d'un ange.

Du choc des « cœurs » jaillit la lumière.

Ce titre est inspiré de l'ancien proverbe : « Du choc des idées jaillit la lumière. » Le même principe s'applique ici, mais avec un message plus spirituel. La lumière fait référence à l'amour divin universel que nous imaginons comme une lumière vive, souvent vue par les mystiques comme une lumière merveilleuse, incroyablement intense, trop brillante pour être regardée en face.

La lumière signifie aussi la sagesse. Lorsqu'on dit travailler à la lumière, cela signifie la lumière de la sagesse de Dieu qui brille de l'amour divin apportant guérison et paix dans l'obscurité. Lorsque plusieurs cœurs semblables sont remplis d'amour, la lumière commence à passer.

GRANDE INVOCATION

Du point lumineux dans l'esprit de Dieu,
laissez la lumière se frayer un chemin
dans l'esprit des Hommes.
Laissez la lumière descendre sur la Terre.
Du point d'amour dans le cœur de Dieu,
laissez l'amour se frayer un chemin
dans le cœur des Hommes.
Que le Seigneur retourne sur Terre.
Laissez le but guider les petites volontés des Hommes,
le but que les maîtres connaissent et desservent,
du centre que nous appelons la race des Hommes.
Laissez le plan de l'amour et de la lumière fonctionner.
Puisse-t-il sceller la porte où le mal réside.
Laissez la lumière, l'amour et la puissance
restaurer le plan sur Terre.

L'air supportant les ailes d'un ange est le souffle du murmure de l'amour de Dieu.

Au centre de la création réside l'amour – sous la pluie, sur la terre ou sur les pétales d'une fleur, la fourrure d'un chaton, les ailes d'une abeille. L'amour habite le visage d'un enfant endormi, le chant d'un merle, le scintillement d'une étoile. L'amour réside dans le rugissement des vagues de l'océan qui s'abattent sur le rivage, dans le contour d'un flocon et la légèreté d'une plume.

L'amour se retrouve dans le soupir, le souffle, le sifflement, la bourrasque, la force et la puissance du vent. Ce même vent alimente la tornade qui, sous forme de brise, caresse gentiment votre visage. Le vent qui transporte les messages de chance ou de désastre est le même vent qui supporte les ailes d'un ange, les vôtres aussi.

La gentillesse d'un ange est un acte d'adoration.

On dit qu'il existe neuf chœurs d'anges. Les archanges représentent les différents aspects de la nature de Dieu tout en adorant leur créateur. Au haut de la hiérarchie se trouvent les Séraphins qui chantent la gloire de Dieu. Une énergie aimante cascade d'un niveau d'anges à un autre, jusqu'à ceux se trouvant les plus près de nous.

Les anges au bas de la hiérarchie angélique s'occupent aussi de l'amour divin et œuvrent en l'honneur de celui-ci. Tout ce qu'ils accomplissent constitue un acte d'adoration. Il en est de même de chaque gentillesse que nous accomplissons sous le coup de l'impulsion, sans attendre de récompense, de façon inconditionnelle et du fond du cœur.

Car le Seigneur donnera l'ordre à ses anges,
de te garder où que tu ailles.

Psaume 91,11

PRIÈRE D'ANGE

Au nom de « je suis qui je suis »,
je me détache de toute énergie
et je laisse aller celle qui n'est pas mienne en vérité.
Je rappelle à moi toute énergie qui est mienne en vérité
et demande qu'elle me revienne,
qu'elle se dissolve dans l'amour et la lumière.

J'appelle les sept archanges et leurs légions lumineuses.
J'appelle le bien-aimé Archange Zadkiel et les anges de Joie,
l'Archange Gabriel et les anges de sagesse,
l'Archange Michel et les anges de protection,
l'Archange Jophiel et les anges de l'illumination,
l'Archange Raphaël et les anges de guérison,
l'Archange Uriel et les anges de paix,
et l'Archange Chamuel et les anges d'amour.

Avec de la gratitude au cœur,
je vous demande d'entrer dans mes affaires
et de m'accorder vos merveilleuses qualités.
Veuillez tenir la crainte et le doute loin de moi.
Emplissez mon esprit de votre sagesse,
d'illumination, d'inspiration et de clarté.

Aidez-moi à reconnaître et à apprécier pleinement
les qualités que sont le don et l'accueil
de l'amour inconditionnel,
la compassion, la clémence et l'indulgence.
Montrez-moi comment dissoudre les sentiments d'égoïsme,
d'autocondamnation et de faible estime de soi.
Donnez-moi les conseils dont j'ai besoin
pour créer la paix intérieure
et la tranquillité dans mon cœur et dans mon esprit.
Je demande qu'avec l'amour et les conseils des anges,
je parvienne à atteindre la compréhension
de la véritable conscience du Seigneur.
Je le demande avec une intention honnête,
de façon qu'il en soit ainsi. Amen.

> « Si vous voyez l'ange dans toute personne
> que vous rencontrez, vous serez toujours
> en divine compagnie. »
>
> KAREN GOLDMAN

Si nos âmes sont éternelles, dans un bon nombre de vies, et si nous attendons dans un paradis jusqu'à notre renaissance, alors nous passons la plupart du temps dans les domaines angéliques. Selon cette façon de penser, peut-être que ce que nous voyons en méditation est une facette de notre mémoire. Une partie de nous connaît la présence angélique et une étincelle de cette présence demeure dans notre cœur pour toujours.

Lorsque nous naissons, une partie de notre âme – la partie sans ego, non physique – demeure dans un espace réservé à l'existence de l'amour. Le soi élevé est plus sage et plus pur que notre forme physique, notre être corporel, et ne possède pas d'attachement physique. Lorsque nous puisons dans la sagesse du soi élevé, nous pouvons aussi entrer en contact avec l'ange en nous.

La prochaine fois que vous rencontrerez quelqu'un, remarquez la différence dans l'énergie de votre interaction lorsque vous permettez à l'ange en vous d'entrer en contact avec une autre âme.

Au-delà de la douceur visible d'un ange se trouve une force de pureté.

Cette force se trouve dans la douceur même de l'aube du ciel. Elle peut être ressentie dans le scintillement lointain des étoiles, sous les pieds, sur la rive couverte de mousse, dans la douceur molle d'une plage de sable blanc. Elle se trouve dans les détails complexes de la plume laissée en tant que message par les anges. Elle se trouve dans les

rayons du Soleil filtrés par les branches des arbres. Sa force même est comparable au support de l'eau salée de l'océan et à la résistance incassable de la polarité magnétique. Elle soutient la dureté de la pierre, la substance même de notre planète raffinée par le temps, apparemment fragile, mais comportant la promesse indestructible et éternelle qui est contenue dans la protection et l'amour angéliques.

Invocations quotidiennes des Essènes

Par une communion quotidienne avec les anges, on apporte l'énergie de conseil de ces derniers dans nos vies. Une des façons les plus puissantes d'établir cette communion est d'utiliser les invocations des Essènes qui sont pratiquées depuis plus de deux mille ans. Ils croient que les sept anges du Père-Ciel surveillent la nuit et que les sept anges de la Terre-Mère surveillent le jour. Les invocations quotidiennes sont les suivantes.

Samedi matin : La Terre-Mère et moi ne faisons qu'un; elle donne la nourriture de la vie à tout mon corps. **Samedi soir** : Ange de la vie éternelle, descends sur moi et donne la vie éternelle à mon esprit.

Dimanche matin : Ange de la Terre, entre dans mon être physique et régénère tout mon corps. **Dimanche soir** : Ange du travail créatif, descends sur Terre et donne l'abondance à toute l'humanité.

Lundi matin : Ange de vie, entre dans mes membres et donne la force à tout mon corps. **Lundi soir** : Paix, paix, paix, ange de paix, sois toujours partout.

Mardi matin : Ange de joie, descends sur Terre et donne beauté à tout être. **Mardi soir** : Ange de puissance, descends sur mon corps en mouvement et dirige tous mes actes.

Mercredi matin : Ange du Soleil, entre dans mon centre solaire et donne le feu de la vie à tout mon corps. **Mercredi soir** : Ange d'amour, descends sur mon corps de sensation et purifie tous mes sentiments.

Jeudi matin : Ange de l'eau, entre dans mon sang et donne l'eau de vie à tout mon corps. **Jeudi soir** : Ange de sagesse, descends sur mon corps de réflexion et illumine toutes mes pensées.

Vendredi matin : Ange de l'air, entre dans mes poumons et donne le souffle de vie à tout mon corps. **Vendredi soir** : Le Père-Ciel et moi ne faisons qu'un.

INDEX

REMERCIEMENTS

Tout effort raisonnable a été déployé pour reconnaître la propriété du matériel inclus dans le présent ouvrage, assujetti à un droit d'auteur. Toute erreur qui se serait glissée malencontreusement sera corrigée dans les éditions subséquentes après notification envoyée à l'éditeur.

REMERCIEMENTS DE L'AUTEURE

Je désire remercier Lucis Press pour m'avoir accordé la permission de reproduire la Grande Invocation. Je voudrais aussi remercier les auteurs suivants pour m'avoir inspirée dans l'écriture du présent ouvrage :

CHURCH Anthea, *Angels*, Londres, Brahma Kumaris 1997.

CUSHNIR, Howard Raphael, *Unconditional Bliss*, Wheaton, The Thosophical Publishing House, 2000.

FOX Leonard et Donald L. ROSE, dir., *Conversations with Angels*, West Chester, Chrysalis Books, 1996.

GOLDMAN, Karen, *The Angel Book*, New York, Simon & Schuster, 1992.

HEATHCOTE-JAMES, Emma, *Seeing Angels*, Londres, John Blake Publishing, 2001.

MACLEAN, Dorothy, *To Honour the Earth*, San Francisco, HarperCollins, 1991.

MELVILLE, Francis, *Le Petit Guide des anges*, Montréal, Hurtubise HMH, 2002.

SZEKELEY, Edmond Bordeaux, *The Gospel of the Essenes*, Saffron Walden, C.W.Daniel Co. Ltd, 1993.

WAUTERS, Ambika, *L'Univers des anges*, Montréal, Hurtubise HMH, 2005

WILLIAMSON, Marianne, *A Return to Love*, Londres, Thorsons, 1996.

et beaucoup plus...

CRÉDITS PHOTOGRAPHIQUES :

AKG, Londres 1 centre, 91 en bas à gauche; /Orsi Battaglini 14 en haut; City Museum and Art Gallery, Birmingham 53 en haut; /Stefan Diller 39 en haut; /Pirozzi 44 en haut, 83 en haut; /Rabatti-Dumingie 25 en haut, 63 à droite, 69 principale, 75 en haut. Bridgeman Art Library, Londres /New York/The Barber Institute of Fine Arts, University of Birmingham 57 centre, 84 en haut; /Bristol City Museum and Art Gallery 60 en haut / Leg d'Eleanor Clay Ford 2 principale; /Galleria degli Liffizi, Florence 26 principale, 43 centre; Lauros/Giraudon 65 en haut; /Louvre, Paris 22 en bas à gauche; /Museo Bottacin e Museo Civico, Padoue 33 à droite; National Gallery, Londres 9 principale, 71 en haut; /Palazzo Medici Riccardi, Florence 6 en haut, 21 principale; /Roy Miles Fine Paintings 51 en haut; /Sudley House, Liverpool 35 en bas à droite; /Musées et galeries du Vatican 10 principale. Corbis UK Ltd / Albright-Knox Art Gallery 72 à gauche; /Arte & Immaginisrl 54 en haut; /Elio Ciol 87 en haut; /Archives Alinari/Serge Domingie 40 à gauche; /Francis G. Mayer 13 en haut, 18 en bas à droite, 78 en bas à gauche, 81 en haut; /National Gallery Collection, Londres 17 en bas à gauche, 47 à droite. The Picture Desk Ltd. /The Art Archive/Galleria Sabauda Turin/Dagli Orti 30 en haut; /Galleria Sabuda/Dagli Orti 5 principale; Abbé Monte Maria, Burgusio Bolzano /Dagli Orti 29 en bas à gauche, 66 en bas à gauche; / Museo Civico Padua / Dagli Orti 77 principale; Palazzo dell'Arcivescovado Udine/Dagli Orti 59 au centre; /Musée du Louvre, Paris /Dagli Orti 36 en haut.